AF309634

Observations critiques

SUR LE

PROJET DE CONSTRUCTION

D'UN

ÉTABLISSEMENT THERMAL

PUBLIC

A Chaudesaigues

AU LIEU DIT

LA LUZERNE

Par A. ROUSSILHE

AVOCAT NOTAIRE

SAINT-FLOUR

IMPRIMERIE D'ALFRED PASSENAUD

1872

AVANT-PROPOS

Les quelques pages que je me hasarde à livrer à la publicité n'étaient pas destinées à en affronter l'épreuve.

Habitant de Chaudesaigues, et à ce titre ne me croyant pas le droit de demeurer à l'écart, lorsque l'autorité publique provoquait la libre manifestation de toutes les opinions sur une affaire qui offre, pour mon pays d'origine, un intérêt capital, j'avais, au galop de la plume, exprimé loyalement ma pensée et mon appréciation motivée sur cette question.

Ce faisant, je me figurais, non sans quelque naïveté, paraît-il, que les observations recueillies dans l'enquête de *commodo et incommodo* qui vient d'avoir lieu à Chaudesaigues, seraient ensuite soigneusement classées et deviendraient l'objet d'un examen approfondi.

Mais des gens qui se disaient bien informés, m'ont, depuis lors, assuré que ce n'était pas ainsi que les choses se passaient fréquemment, en pareille matière ; ils affirmaient, en rappelant des paroles récemment prononcées dans un discours demeuré célèbre, (1) que les déterminations à prendre étaient souvent dictées, plutôt par le nombre que par la valeur intrinsèque des opinions exprimées.

Je n'ai pas tardé à reconnaître que cette asser-

---

(1) Les dynasties disparaissent, les royautés tombent, les empires s'effondrent, les républiques naissent et meurent ; mais les bureaux restent.

(Discours de M. le duc d'Audiffret Pasquier sur les marchés de fournitures pendant la guerre).

tion ne manquait pas de fondement ; car, si elle avait d'abord révolté ma conscience, les agissements dont j'ai été témoin, se sont bien vite chargés de détromper ma bonne foi.

Quelque regret que j'en éprouve et quelque pénible que soit l'étonnement que j'en ai ressenti, je dois le dire : il existe maintenant au dossier de l'enquête un document grave, l'avis de M. le commissaire enquêteur.

On en trouvera plus loin le texte reproduit de mémoire, et on se convaincra, en lisant cet avis, que cet ancien magistrat s'est incliné le premier devant l'omnipotence du nombre.

Réduit, depuis ce moment, à penser qu'il ne reste plus qu'un moyen de prévenir la surprise de la solution de la question posée, dans un sens que je réprouve et qui est, à mes yeux, un désastre pour mon pays natal, la publicité de sa critique, je l'emploie. Il s'en trouvera, je l'espère, qui m'honoreront de ne pas avoir reculé devant ce dernier effort.

Les observations qui vont suivre sont la reproduction textuelle de celles que j'ai fournies dans l'enquête. Mais, destinées à ne passer que sous les yeux de personnes au courant de la question qui les suscitait, pour être entièrement comprises de tous ceux qui pourraient les lire, elles demandent la connaissance préalable de certains faits que je n'avais pas à raconter, au point de vue où je me plaçais en les écrivant.

Je comblerai cette lacune en faisant connaître dans une note additionnelle les phases diverses par lesquelles a passé le projet de construction d'un établissement thermal public, à Chaudesaigues, et les conséquences déplorables qu'ont eues, pour la réalisation de ce vœu, si légitime et si cher, l'apparition et le séjour dans le pays du gérant d'une société en commandite, fondée pour cette réalisation.

OBSERVATIONS
PRÉSENTÉES PAR Mᵉ ROUSSILHE

AVOCAT-NOTAIRE A CHAUDESAIGUES

sur le projet de construction

D'UN ÉTABLISSEMENT THERMAL

PUBLIC

dans cette ville

AU LIEU DIT LA *LUZERNE*

————◦◦◦◦————

Parmi toutes les critiques qui ont été dirigées contre le projet de construction d'un établissement thermal public, à Chaudesaigues, au lieu dit la *Luzerne*, depuis le jour où un homme de sinistre mémoire, récemment condamné à la déportation dans une enceinte fortifiée pour participation aux crimes de la Commune, le nommé Paul-Émile Vaissier manifesta l'intention de l'asseoir sur cet emplacement, il en est surtout une qui, aux yeux du soussigné, mérite de fixer sérieusement l'attention. Cette critique à ses yeux est capitale, décisive ; car, pour sembler ne toucher par son objet qu'à des intérêts individuels, rivaux, elle ne s'en rattache pas moins, d'une manière immédiate, à l'intérêt local, et, mieux encore, à l'utilité générale elle-même. Cette critique est relative à l'emplacement lui-même.

Le caractère d'utilité publique des eaux thermales de Chaudesaigues a été depuis longtemps reconnu, non-seulement par les savants et par l'opinion, mais encore par l'autorité publique.

Une ordonnance royale, rendue le 11 août 1844,

sur les plans dressés par un architecte que son mérite a, depuis lors, élevé aux fonctions de membre de la commission des bâtiments civils, M. Catoire, a consacré cette utilité, pour laquelle on demande en quelque sorte aujourd'hui une deuxième et bien inutile consécration.

M. Catoire s'était vivement préoccupé de la question d'emplacement de l'établissement public dont il avait reçu mission de dresser les plans.

Avant lui, M. Ledru, père, architecte à Clermont-Ferrand, chargé d'une mission semblable, avait choisi pour assiette de cet établissement le lieu même où jaillit la principale source d'eau thermale, celle appelée le *Par*. Mais ce projet, dont le devis estimatif ressortait au chiffre de quinze cent mille francs, était difficilement réalisable. Les indemnités d'expropriation qu'entraînait son exécution étaient relativement énormes. Ce plan absorbait en effet une quarantaine de maisons bâties autour de la source du *Par*.

Par ces motifs ou pour d'autres purement scientifiques, et qu'à ce titre il ne saurait appartenir au soussigné d'apprécier, M. Catoire avait jeté les yeux sur un autre emplacement. Il asseyait l'établissement thermal à l'entrée sud de la ville, au lieu appelé l'Estande et sur un véritable foyer thermal, ainsi que le faisait M. Ledru. Il jaillit, en effet, sur ce point, plusieurs sources d'eau thermale de même nature que celle du *Par*. Quelques-unes de ces sources naissent sur le terrain communal ; mais les deux les plus considérables et qui, dans la pensée des gens compétents, peuvent largement suffire au traitement de plus de cent malades par journée, constituent une propriété privée (1).

(1). Il a été constaté et il est consigné dans un rapport émanant de M. Barlier, ancien maire de Chaude-aigues, et ancien député, que la source, dite la Grotte du Moulin du Ban, a un débit de 33 litres par minute, ce qui donne un débit total

En adoptant l'emplacement de l'Estande, M. Catoire obtenait un quadruple avantage. L'établissement thermal était installé sur un foyer thermal, circonstance que l'on dit fort appréciée des savants ; le monopole des thermes de Chaudesaigues était acquis à leurs concessionnaires ; les malades pouvaient recevoir le traitement thermal pendant l'année entière, et les eaux du Par demeuraient exclusivement affectées, pendant l'hiver, au chauffage des habitants de la localité, tandis que l'exécution du projet soumis en ce moment à l'appréciation du public, enlève au chauffage une notable partie de ces eaux. Enfin, le ruisseau qui traverse Chaudesaigues et dont les eaux coulaient devant l'établissement thermal, avant de pénétrer dans la ville, offrait les meilleurs éléments de réfrigération qu'il soit permis de désirer et possible d'organiser à peu de frais.

L'exécution du plan Catoire, plan conçu, du reste, dans des proportions grandioses et monumentales, exigeait une dépense de quatre cent quatre-vingt mille francs.

de 46,000 litres par journée. Trois centilitres suffisent largement pour chaque bain. A ce compte, cent baigneurs ne consommeront que trente mille litres d'eau et il en resterait 16,000 encore pour le service des douches, étuves, bains de vapeurs et autres applications des eaux thermales.

Le propriétaire de cette source en a, il y a trois ou quatre ans, découvert sur son terrain une deuxième d'un débit à peu près égal, et il doit cette découverte aux fouilles qu'on lui a laissé pratiquer, sans entraves, sur le terrain communal. Enfin, il y a lieu de penser qu'il découvrirait encore chez lui de nouveaux filets, s'il y faisait des fouilles profondes et mettait partout à nu le rocher par les fissures duquel s'échappent les eaux thermales.

Est-ce à l'occasion du chiffre de cent baigneurs par journée que le Conseil municipal, dans sa délibération du 3 juin 1872, dont on trouvera plus loin copie, m'accuse de manquer d'exactitude et d'impartialité ? S'il en est ainsi, le Conseil municipal a éminemment raison. C'était en effet sur les chiffres de 150 à 200 baigneurs par journée que je devais établir mes calculs.

On a estimé, depuis lors, que l'exécution de ce plan était trop coûteuse et que le rendement présumé de l'exploitation des eaux serait hors de proportion avec les frais de l'entreprise.

C'est la seule considération à laquelle se livre, pour repousser ce projet, le Conseil municipal de la commune (dont font partie les promoteurs du projet nouveau) dans sa délibération du 10 juin 1868, dont ampliation est jointe au dossier de l'enquête.

Le Conseil ne se préoccupe pas d'établir le fondement de l'impossibilité qu'il allègue. Il l'affirme et ne paraît même pas s'inquiéter du point de savoir si le plan Catoire ne pouvait pas être réduit dans ses proportions, s'il n'était pas préalablement utile, nécessaire de remettre la question à l'étude, avant de se prononcer, avec une pareille désinvolture, sur un intérêt aussi grave. Il semble même avoir oublié qu'il y a environ vingt ans, le plan Catoire avait été remanié par un autre architecte, M. Sabatier et que, dans la pensée de cet architecte, trois cent mille francs devaient suffire pour l'exécution de ce plan dans ses parties essentielles.

L'emplacement de la Luzerne choisi, il y a onze ans, par le nommé Vaissier est accepté sans discussion en principe et d'emblée. Le procès-verbal de la séance constate du reste que MM. Podevigne et Delfieux, acquéreurs des terrains de la Luzerne, n'assistaient pas à la délibération (1).

(1) Comment le Conseil municipal de la commune en est-il arrivé à une préférence si tranchée, pour ne pas dire si tranchante, en faveur de l'emplacement de la Luzerne? Un coup d'œil rétrospectif sur les faits qui se sont accomplis à Chaudesaigues, depuis 1860, dévoilera ce secret.

Jusqu'à cette époque, nul n'avait osé sérieusement penser que l'établissement thermal public pourrait et devrait être construit ailleurs qu'à l'Estande. Dans tous les cas, l'établissement public à construire devait, quelle que fût son assiette, jouir du monopole de l'exploitation des eaux.

M. Ledru, fils, auteur du projet actuel, n'a jamais été appelé à formuler une opinion sur l'opportunité de l'emplacement où devait s'exécuter ce projet. Son mandat, ainsi qu'il le déclare lui-même dans un rapport qui fait partie des pièces de l'en-

L'emplacement de l'Estande, auquel s'appliquait le bénéfice de l'ordonnance royale de 1844, ralliait tous les suffrages. Le Conseil général du département, où le canton de Chaudesaigues était alors représenté par M. Poderigue, juge de paix, avait promis, à toute Compagnie qui se formerait pour y construire l'établissement, la garantie d'un minimum d'intérêt de 4 p. 0/0, pendant 99 ans, sur un capital de 300,000 francs. Le Conseil municipal d'alors était dans les mêmes sentiments, et il ajoutait un demi pour cent à l'insigne faveur accordée par le Conseil général à la commune de Chaudesaigues, faveur si précieuse, si bien faite pour attirer les capitaux et si malheureusement perdue dans ces dernières années !

Ce fut en 1856 que parut à Chaudesaigues le nommé Paul-Emile Vaissier dont la famille était originaire du canton. Il fit au Conseil municipal l'offre de fonder une société pour la construction de l'établissement public. Cette offre fut acceptée sous la condition expresse que la Compagnie concessionnaire se conformerait à l'ordonnance royale du 11 août 1844 et au cahier des charges y annexé. (Délibération des 9 mars et 11 août 1856).

La société dont le Conseil avait autorisé la création fut effectivement fondée et se constitua à Paris en 1860. Mais ses malheureux actionnaires qui avaient dû verser, conformément à la loi, le quart du capital social, ne tardèrent pas à reconnaître le danger qui menaçait à la fois et l'entreprise pour laquelle l'association s'était formée et le capital qu'ils avaient déjà payé. On leur signalait, en effet, que, malgré les prescriptions des statuts qui lui interdisaient toute manutention de fonds, le gérant s'était empressé de retirer du Comptoir d'escompte, où ils étaient déposés, une somme de trente mille francs dont nul ne pouvait s'expliquer l'emploi. Il s'est dévoilé plus tard devant la Cour de Riom, à la honte de plusieurs, et cet incident n'a pas été la moindre cause de la dissolution de la société.

Le Conseil de surveillance de la Compagnie comptait alors au nombre de ses membres les promoteurs du nouveau projet, les sieurs Germain Poderigue, pharmacien, et Delfieux, limonadier. Le maire actuel de la commune de Chaudesaigues, M. Abrial, en faisait également partie. Et, certes, si l'emploi

quête, était impératif; il ne devait et ne pouvait opérer que sur les bases préalablement posées par les sieurs Podevigne et Delsieux.

Il est regrettable qu'il ne se trouve pas à Chaudesaigues une plume ou une voix autorisée pour

de ces trente mille francs demeurait pour tous les actionnaires une énigme au début, il n'était pas et ne devait pas être un mystère pour les conseillers de surveillance!

Je dépasserais, et sans profit aucun pour la cause que je défends, les bornes que comporte cette note, si je me laissais aller à raconter toutes les péripéties qu'a traversées cette malheureuse Compagnie Vaissier, depuis son origine jusqu'à sa dissolution. Qu'il me suffise de rappeler à ceux qui en ont été les témoins ou les victimes, qu'il n'y a pas d'excès, de témérités et de vexations devant lesquels ait reculé l'homme audacieux que la société avait mis à sa tête. Condamnations obtenues sans que les intéressés eussent été réellement appelés à se défendre, saisies avec enlèvement des meubles chez les personnes les plus solvables, incarcérations, ventes d'actions à prix vil, rien n'arrêtait cet homme. Il alla jusqu'à porter une accusation de meurtre et à provoquer une information contre M. Verdier-Chantal, maire de la commune, et M. Chassany, huissier, à l'occasion d'une mort accidentelle causée par l'alcool dont il avait gorgé la victime. Il lui arriva un jour d'organiser une émeute.

Un groupe d'actionnaires intime au Comptoir d'escompte défense de payer. Vaissier convoque une assemblée générale, sous prétexte d'un vice de forme qu'il avait ténébreusement préparé, il en exclut la majorité qui allait enfin enrayer ses écarts, et avec cette assemblée, composée à sa guise, au Comptoir d'escompte, il substitue un caissier chargé de recevoir les capitaux qui restaient à verser. Ce caissier était le sieur Podevigne, pharmacien. Une deuxième saisie-arrêt est formée entre les mains de ce dernier, et aussitôt le Conseil de surveillance le remplace par un homme, venu on ne sait d'où et qui, ne présentant aucune responsabilité pécuniaire, pouvait se conformer sans crainte à tous les caprices du gérant.

Vaissier avait à sa suite tantôt des hommes décorés et tantôt des repris de justice.

Il fait adopter par cette assemblée générale ce funeste emplacement de la Luzerne et, sans se préoccuper autrement des obligations qui liaient la Compagnie entres la ville et le département, sans même demander la concession des eaux, il achète des terrains et se met à construire!

essayer de faire connaître, au point de vue scien-
tifique, et en s'aidant des données de l'expérience
de chaque jour, les résultats probables de l'exécution du plan de M. Ledru, réalisé à la Luzerne.
Sauf quelques critiques de détail, les approbations

Et le Conseil de surveillance n'usait pas de son droit de veto,
je me trompe : les excès en vinrent à un tel degré de scandale
que les membres du Conseil de surveillance finirent par donner
leur démission. Il n'en resta qu'un seul dont je veux taire le
nom. Ce conseiller à lui seul délibéra et de sa délibération
sortit un nouveau Conseil composé d'hommes étrangers à la
Société et à qui Vaissier avait livré les actions dont il avait dé-
pouillé les souscripteurs par des exécutions de Bourse à prix
vil.

La mesure était comble et la dissolution de la Compagnie
dut être demandée. Elle fut prononcée le 9 août 1862 par un
arrêt de la Cour de Riom dont les motifs respirent l'indignation
et le dégoût qu'inspiraient à la Cour la déplorable gestion de
ce triste gérant et tous les faits honteux qui s'étaient déroulés
sous ses yeux.

Tous ces événements qui se succédèrent à Chaudesaigues
pendant les années 1850, 1861 et 1862, ne furent pas sans
jeter une perturbation profonde dans cette petite ville, aupara-
vant unie et paisible. Vaissier faisait appel à toutes les passions pour
la réalisation de ses desseins. Les prix élevés qu'il offrit lui livrè-
rent la plus grande partie des terrains de la Luzerne. En persua-
dant aux propriétaires des terrains ou des maisons les plus rap-
prochées de cet emplacement qu'ils recueilleraient le plus net
des profits de l'entreprise, il les gagna tous ou presque tous à
sa cause. Il fanatisait le travailleur, le fournisseur et l'ouvrier
en faisant miroiter les grands travaux qui allaient s'exécuter.
Et le travailleur et le fournisseur et l'ouvrier ne voyaient pas,
peut-être, ne voient-ils même pas encore aujourd'hui, que si le
gérant avait été un scrupuleux observateur de son mandat, les
travaux qu'il devait exécuter étaient autant et plus considérables peut-être que ceux qu'il entreprenait sur un autre point,
en préludant à cette entreprise par le gaspillage des fonds des-
tinés à la payer.

L'aberration des esprits fut poussée à un tel degré que ceux-
là mêmes qui avaient souscrit le plus grand nombre d'actions
pour la construction de l'établissement thermal passaient et
passent même encore pour n'en point vouloir.

Ces ferments de discorde que Vaissier léguait à Chaudessai-
gues, en le quittant, ne manquèrent pas d'éclater avec violence
à l'une des premières occasions qui s'en présenta.

de la science officielle ne lui font pas défaut, il est vrai. Dieu veuille que l'expérience les consacre et qu'il soit vrai que les eaux du Par ne subiront, dans un parcours de six cents mètres, qu'une déperdition d'un ou de deux degrés de chaleur, ainsi que

Ce fut en 1864, lors du renouvellement du conseil municipal, que la scission s'accentua et s'opéra d'une manière profonde. Quatre ou cinq membres de l'ancien conseil, qui se reliaient à Vaissier par des attaches plus ou moins étroites, formèrent un groupe auquel, par des considérations et des insinuations variables suivant les individus à rallier, ils rallièrent tout ce qu'il fallait pour former une liste. On fit résonner que l'œuvre commencée par Vaissier allait être reprise, et, grâce à ce mot de passe, cette liste l'emporta, mais à une très-faible majorité, sur la liste présentée aux électeurs par le Maire sortant. En 1870, ce furent pour la réélection du nouveau conseil, les mêmes coups de tam-tam et de grosse caisse : ce fut aussi le même succès.

Mais, dans cet intervalle, un fait désastreux pour l'avenir de la localité s'était produit. On se rappelle que le Conseil général du département et la commune de Chaudesaigues avaient promis une garantie de 4 1/2 p. 0/0 d'intérêt, pendant 99 ans, sur un capital de 300,000 f. à quiconque se conformerait à l'ordonnance royale du 11 août 1844 pour la construction d'un établissement thermal public à Chaudesaigues. Ces engagements existaient toujours et, pour en obtenir le bénéfice, il n'y avait qu'à offrir l'exécution des conditions auxquelles était subordonnée son obtention.

Mais, par l'acquisition qu'ils en avaient faite en 1865, ainsi qu'on le verra plus loin, les sieurs Poderigne, pharmacien, et Delfieux étaient déjà rivés à l'emplacement de la Luzerne.

En 1868, ils se rendent à Aurillac, accompagnés du maire de Chaudesaigues, M. Abrial. Ils présentent au Conseil général les plans dressés par M. Ledru, fils, et demandent une subvention. Le Conseil général, qui ne comprenait que trop bien la portée et les risques de ces anciennes promesses, s'empressa de la leur accorder et il racheta, par la promesse d'une subvention de 15,000 francs une fois payés, les éventualités de cette garantie d'un minimum d'intérêt de 4 p. 0/0 que M. Poderigne, conseiller général avant 1863, avait eu tant de peine à obtenir.

Et nunc erudimini !

Tous les faits que je viens de raconter appartiennent à l'histoire locale et je porte à qui que ce soit le défi d'en contredire un seul.

l'affirment les calculs et que, pendant ce long trajet, elles ne déposeront pas, sur les parois de leurs tuyaux de conduite, les meilleurs principes thérapeutiques dont elles étaient chargées, à leur départ.

Il est à regretter aussi que soit le Conseil municipal de la commune, soit les autorités supérieures ne se soient pas montrés plus difficiles pour accorder l'ajournement à vingt ou trente années de l'exécution entière du plan proposé. La partie de ce plan, dont l'exécution est renvoyée à une date si lointaine, est précisément celle où l'architecte installait un des modes le plus en vogue aujurd'hui, de l'application des eaux thermales et minérales : on veut parler des salles d'aspiration de vapeur et de pulvérisation des eaux Il ne s'agirait cependant, d'après le devis, que d'une dépense de trente mille francs environ. N'y a-t-il pas lieu de craindre, qu'en se passant, au début même de l'entreprise, d'un moyen d'achalandage aussi puissant, on ne pose à l'origine une cause de stérilité et d'insuccès ?

Au public intelligent de juger à présent et de dire où ils sont et quels ils sont ceux qui ont travaillé avec quelque dévouement et sans arrière-pensée d'égoïsme à la prospérité du pays ! A lui de dire si les résolutions de ce conseil municipal sorti du choc d'un groupe hardi, compacte, uni, discipliné comme toujours contre un groupe plus nombreux, mais indifférent, timide et incapable de se coaliser et de s'unir, à lui de dire si les décisions de ce conseil présentent toutes les garanties de cette impartialité dont, ainsi qu'on le verra plus loin, il me reproche d'avoir manqué, à moi qui, entre deux opinions rivales, dans l'intérêt de l'apaisement et surtout dans l'intérêt du pays, ne demandais que des juges !

Après avoir ainsi compromis l'avenir, en faisant perdre la garantie départementale, Poderigne, pharmacien, et Delfieux ont poursuivi, sans relâche, la réalisation de leur projet et ont enfin réussi à en arriver à sa discussion, dans une enquête de *commodo et incommodo*, prescrite en avril dernier par M. le Préfet du Cantal.

Telle est la situation morale au milieu de laquelle a été poursuivie cette enquête.

L'exécution de cette partie du projet étant ainsi ajournée, on n'aperçoit guère la réalisation d'un progrès quelconque. Ce qui s'exécutera tout d'abord n'est, à part le perfectionnement de l'outillage, rien autre chose que ce qui existe déjà dans les établissements privés en cours d'exploitation à Chaudesaigues, c'est-à-dire le bain, l'étuve, la douche liquide et la douche de vapeur. Or, si l'entreprise proposée ne doit aboutir, en réalité, qu'à une substitution de personnes, sans apporter aucune amélioration fondamentale, aucun changement radical ou du moins notable dans les modes d'application des eaux thermales, est-il raisonnable de compter sur une augmentation importante du nombre des malades qui viennent actuellement leur demander le rétablissement de leur santé ?

Il est à remarquer aussi que ce sera la consommation d'une criante injustice, car, pour ne pas avoir mieux ou guère mieux, on dépouillera deux industriels en possession des eaux au profit de deux autres qui la désirent.

On doit regretter encore, comme en a fait la remarque M. l'Ingénieur en chef des mines, dans son rapport du 9 mars 1869 (rapport dans lequel il insiste vivement sur l'importance du service d'inhalation et de pulvérisation), on doit, dit-on, regretter que l'hôtel fasse corps avec l'établissement thermal proprement dit. Des entreprises de cette nature sont du domaine exclusif de l'industrie privée, et ce n'est point pour elles que le principe de l'expropriation pour cause d'utilité publique est inscrit dans nos lois.

Or, il n'est pas besoin d'un examen bien approfondi du dossier pour reconnaître que l'organisation de l'hôtel constitue la branche principale de l'œuvre projetée. Il est en outre à remarquer que, les choses étant ainsi, la part de la localité, dans les profits espérés de l'exploitation des eaux thermales, sera bien faible, puisqu'à l'aide de cette combison, ceux qui exploiteront le remède auront fatalement aussi le privilége de loger et de nourrir le plus grand nombre de malades.

Mais, de toutes ces considérations accessoires, le soussigné n'en retient qu'une seule, celle relative à l'ajournement de la construction des salles de pulvérisation et d'inhalation. Encore ne la retient-il que parce qu'elle se rattache étroitement à la critique fondamentale qui va suivre, critique qui se réfère aux moyens propres à vulgariser l'usage des thermes de Chaudesaigues et sans lesquels ils ne peuvent, suivant toute apparence, que rester dans leur état de stagnation et de langueur.

Il a été dit déjà que l'emplacement, choisi par M. Catoire et adopté par tous les Conseils municipaux qui se sont succédé, le Conseil actuel seul excepté, offrait un quadruple avantage : l'installation sur un foyer thermal, la possibilité d'administrer le traitement thermal, pendant l'hiver, sans nuire au chauffage des habitants, ainsi que le ferait l'exécution du nouveau projet, les plus grandes facilités de réfrigération qu'il soit permis de souhaiter, nécessité inéluctable, à laquelle le projet Ledru ne donne satisfaction qu'au moyen d'un immense tuyau de conduite d'eau froide, à travers la ville sur un parcours de huit cents mètres environ et dont la pose coûtera plus de douze mille francs.

A ce propos, il n'est pas inutile de faire remarquer que cette dépense sera certainement et de bien loin insuffisante. M. Castel, ingénieur des mines qui l'a appréciée, l'aurait certainement portée à un chiffre plus élevée ou, mieux encore, n'aurait pas proposé ce mode de réfrigération si on avait pris soin de lui faire connaître que, sur le parcours de ce tuyau, il existe quatre usines importantes, usines qui n'ont pas d'autre moteur que les eaux du ruisseau dont l'insuffisance, pendant l'été, les réduit fréquemment à un chômage partiel. Que serait-ce si pour les besoins de la réfrigération, l'établissement public venait encore leur en enlever une partie? Il faudrait exproprier ces usines pour cause d'utilité publique : Cinquante ou soixante mille francs y suffiraient à peine.

On devra donc se résigner à organiser le deuxième mode de réfrigération proposé par M. l'ingénieur Castel, c'est-à-dire le refroidissement par les eaux du ruisseau, élevées après la traversée de la ville, au moyen d'une pompe mue par la vapeur. L'installation de cette pompe coûtera, d'après M. l'ingénieur Castel, 6,100 francs et sa dépense annuelle sera de 940 francs, soit, en nombres ronds, mille francs de frais à prélever, chaque année, de ce chef, sur les produits attendus.

Mais si, par tout ce qui vient d'être dit, il est déjà facile de comprendre que l'emplacement de l'Estande est, et de beaucoup, préférable à celui qu'on propose, on admettra bien sans doute que l'hésitation entre les deux serait une folie, si l'on parvient à démontrer que, placé à la Luzerne, l'établissement public n'aura aucune espèce de chance d'avenir et que la ruine certaine de ses concessionnaires aura pour conséquence inévitable l'ajournement indéfini de l'heure où les thermes de Chaudesaigues atteindront, en en prenant les moyens, à la prospérité et à la célébrité qu'on leur a prédites.

La grande cause de l'étiolement et de la ruine probables de l'œuvre thermale réalisée à la Luzerne, gît dans ce fait que le projet actuellement proposé n'assure pas à leurs concessionnaires le monopole de l'exploitation des eaux. Il laisse subsister, en amont de la ville, une concurrence redoutable qui paralysera fatalement le développement et l'essor de l'établissement public.

On l'a dit déjà : il existe à l'entrée sud de Chaudesaigues deux sources importantes appelées les sources du Moulin du Ban et qui appartiennent à un particulier. Leurs eaux, ainsi que le constate M. Chevalier dans son rapport, sont de même nature que les eaux du Par. Leur débit est considérable et des hommes compétents ont affirmé et affirment encore qu'il peut suffire et au delà, à tous les modes de traitement thermal connus, pour cent malades par journée.

On a observé que, pendant les années les plus favorisées, il n'était pas venu à Chaudesaigues plus de six cents malades. La saison thermale s'ouvre en juin et se termine en septembre. Mais personne n'ignore que les visiteurs des eaux thermales ne sont pas nombreux pendant les mois de juin et de septembre : l'affluence ne se produit qu'en juillet et août, et principalement pendant la première quinzaine d'août et la dernière quinzaine de juillet.

Pour calculer, dans l'hypothèse la plus favorable, on suppose que, la réclame aidant, on parviendra à attirer à Chaudesaigues, dès les premières années, un nombre de baigneurs double de celui des années antérieures les plus favorisées, soit 1,200 baigneurs. Un beau chiffre ! C'est le maximum atteint par bon nombre de stations thermales qui jouissent d'une notoriété européenne, sont situées dans des contrées attrayantes, fréquentées par les étrangers, par les touristes, par les gens riches, par ceux qui, n'ayant presque aucun besoin de remèdes, vont y chercher la distraction et le plaisir, avantages et attraits que Chaudesaigues n'offrira que lorsque les capitaux les y auront créés.

Pour faire la part la plus large possible à l'établissement public, on veut bien supposer encore que, sur ces douze cents baigneurs, deux cents seulement se rendront à Chaudesaigues en juin et septembre et que les mille autres y viendront pendant les deux autres mois de la saison thermale. Ces mille baigneurs répartis en cinq périodes de douze jours donnent pour chacune deux cents. Sur ce nombre, l'établissement privé du Moulin du Ban, restauré, agrandi, mieux approprié et cela sera facile à son propriétaire, soit par l'emprunt, soit par l'association, si ses ressources personnelles ne suffisent pas à ces dépenses, sur ce nombre l'établissement privé prendra certainement tout ce qu'il pourra traiter avec les eaux dont il disposera.

Car, il n'y a pas à se faire illusion, il y aura une tendance irrésistible à choisir de préférence l'établissement privé. Cet établissement réparé et outillé d'après le type que fournira l'établissement public, n'absorbant pas une mise de fonds aussi considérable puisqu'il ne s'organisera qu'en vue du traitement de cent malades environ par journée libre de toute redevance annuelle envers la commune, pourvu de moyens de réfrigération qui ne lui coûteront rien ou presque rien, parce que à cet établissement se rattache une belle chute d'eau froide prise sur la rivière avant son entrée dans la ville (avantage qui pourra encore être utilisé pour l'organisation d'un service d'hydrothérapie), cet établissement, dit-on, n'ayant nul besoin d'un personnel aussi nombreux et offrant enfin à sa clientèle un confortable égal à celui qu'on trouvera dans l'établissement public, pourra se contenter de bénéfices plus modestes, attirer le baigneur par la modicité relative des prix et réaliser des profits, tandis que l'établissement public ne joindra pas les deux bouts.

En veut-on la preuve? La voici :

Sur les mille baigneurs qui viendront à Chaudesaigues en juillet et août, l'établissement privé en prendra cent par chaque période de douze jours, parce qu'on le suppose, il ne pourra pas en admettre un plus grand nombre. Il restera donc pour l'établissement public cent baigneurs par période et pour les cinq périodes ensemble cinq cents.

Quant aux deux cents autres qui visiteront la station thermale de Chaudesaigues en juillet et septembre, l'établissement public n'aura guère à compter sur eux. Ce seront, pour la plupart, des cultivateurs qui choisiront pour s'absenter l'époque qui précède ou qui suit les travaux de la campagne. Cette catégorie de baigneurs ira certainement toute entière là où l'attirera le bon marché.

Et qu'on ne se le dissimule pas, au surplus, ils seront bien rares les millionnaires qui, même en juillet et août, fréquenteront les thermes de Chaudesaigues. S'il est vrai de dire que le passé est en général le gage de l'avenir, il ne viendra pas à Chaudesaigues plus de quatre ou cinq cents personnes, en état de dépenser six et sept francs par jour, car ceux qui y dépensent actuellement cette somme n'atteignent même pas le chiffre de deux cents. Les carnets et les livres des teneurs de bains le prouveront à qui se donnera la peine de le rechercher, ainsi que l'a fait le soussigné.

Pour pousser les choses au pire, le soussigné veut bien admettre que chaque baigneur dépensera, en moyenne, à l'établissement public sept francs par jour et que sur cette somme l'établissement trouvera un bénéfice de trois francs, après prélèvement de la valeur des denrées.

Ce sera donc un bénéfice de trente-six francs que laissera chaque baigneur pour toute la durée moyenne de son séjour, et cinq cents baigneurs, à ce compte, laisseront un bénéfice total de 18,000 francs.

Sur cette somme, il faudra prélever mille francs pour le jeu de la pompe élévatoire, six cents francs de redevance à la commune, le traitement d'un médecin inspecteur et d'un directeur, la nourriture au moins, sinon le salaire des employés de l'hôtel, des galeries de bains, de la lingerie, de la distribution des cartes de bains, et autres services, la prime d'assurance contre l'incendie, les contributions de toute nature, le blanchissage, l'entretien et le renouvellement du linge, les frais de réparation et d'entretien des réservoirs, baignoires, appareils de captation, tuyaux, robinets, etc., etc., ceux de réparation et d'entretien des salles, cabinets et du bâtiment lui-même, et ce n'est pas peu de chose, lorsqu'il s'agit d'une construction constamment en contact avec un agent de détérioration aussi actif que la vapeur d'eau.

Qu'une personne autorisée fasse ces évaluations et l'on verra à quel chiffre additionnel elles conduiront. C'est certainement se tenir au-dessous de la vérité que de le fixer à dix mille francs. Pour être large, on le réduit hypothétiquement à huit mille francs.

Ce ne sera donc que dix mille francs nets que, dans la meilleure et la plus favorable hypothèse, produira l'établissement public placé à la Luzerne.

Or, même sans y comprendre les salles de pulvérisation et d'inhalation dont la construction est si malheureusement ajournée, mais en y comprenant les frais de captage et de réfrigération, cet établissement coûtera, d'après le devis de M. Ledru, environ . . . . 180,000 »

Il convient d'ajouter à cette somme les honoraires de l'architecte qui ne paraissent pas figurer dans le devis estimatif, soit à 5 pour 0/0 . . . . 9,000 »

Il faut y joindre encore le prix des terrains à acquérir, indépendamment de ceux appartenant déjà aux srs Podevigne et Delfieux. Un expert du pays, choisi par ces messieurs, les a évalués six mille francs. Mais il se pourrait bien que le jury d'expropriation portât cette évaluation au double, surtout en prenant, pour types de comparaison, les évaluations données par le même expert pour les terrains de MM. Podevigne et Delfieux, comme aussi, les prix

A reporter. . 189,000 »

Report. . . .	189,000 »

d'acquisition de ces terrains, en 1860, par la compagnie Vaissier. Quoiqu'il en soit, on suppose quant à présent de ce chef une dépense de   6,000 »

Ce n'est pas tout : il faut y ajouter encore les terrains de MM. Podevigne et Delfieux, dont la valeur est portée, toujours par le même expert, à . . . . 57,000 »

Et y joindre enfin le prix d'achat du mobilier de l'hôtel et de l'établissement lui-même, toutes choses qui ne paraissent pas entrer en ligne de compte, dans le devis de M. Ledru Vingt mille francs suffiront-ils pour une dépense aussi importante ? On le suppose, ci. . . . . 20,000 »

Total du capital dépensé . . . 272,000 »

Dont le revenu à 5 pour 0/0 est de 13,600 »

Le produit net de l'établissement, après prélèvement des frais, n'étant, ainsi qu'on l'a vu, que de . . . 10,000 »

La perte annuelle sur le revenu à 5 pour 0/0 du capital dépensé, ressort à . . . . 3,600 »

Il n'est pas hors de propos d'appeler, en passant, l'attention sur ce chiffre de 57,000 francs auquel l'expert choisi par les sieurs Podevigne et Delfieux, a porté la valeur des terrains par eux acquis de la compagnie Vaissier.

Ces immeubles furent mis aux enchères publiques, en l'étude de maître Biron, notaire à Chaudesaigues, le 28 septembre 1863, sur la mise à prix de 6,000 francs déterminée par une expertise à laquelle le liquidateur de la compagnie dissoute avait fait préalablement procéder. Peu s'en fallut que l'adjudication ne fût prononcée sur la premiére enchère. Après une lutte engagée par un actionnaire dans l'intérêt de la liquidation, les terrains furent adjugés moyennant la somme de dix mille cents francs.

Le soussigné se borne à livrer ces deux chiffres aux méditations de tous et à appeler sur leur rapprochement l'attention de l'autorité chargée de statuer sur la demande en déclaration d'utilité publique dont les sieurs Podevigne, pharmacien, et Delfieux sont les promoteurs.

Cette expertise, qu'ils ont commandée, ne serait-elle point par hasard la préparation, de longue main, d'un apport social de 57,000 francs, dans le cas où l'entreprise s'exécuterait par association? Ne serait-ce pas aussi un expédient pour écarter quiconque aurait fantaisie de soumissionner pour la concession des eaux et la construction de l'établissement public? Car, la concession doit avoir lieu aux enchères. Mais, qui ne voit que les choses sont disposées de façon à ce que nul, en dehors de MM. Podevigne et Delfieux, n'éprouvera la tentation de devenir concessionnaire?

La force d'expansion de cette vérité est si grande que le conseil municipal n'y sait pas résister et qu'après avoir, dans sa délibération du 14 juin 1870, disposé que les eaux seront mises aux enchères et, entre autres choses, que toute préférence pour les habitants de l'hôtel demeure rigoureusement interdite, il manifeste, quelques lignes plus loin, la confiance que lui inspirent l'honorabilité et la solvabilité de MM. Podevigne et Delfieux, concessionnaires de l'entreprise. (???)

L'établissement thermal public étant constitué en perte, au début même de son exploitation, on est invinciblement amené à se demander par quels expédients mystérieux les thermes de Chaudesaigues arriveront à la haute renommée qui leur est promise et dont ils sont dignes à tous égards.

D'où viendront les ressources qui paieront la

réclame? D'où viendront surtout celles qui feront surgir, de cette gorge déshéritée où jaillissent les eaux thermales de Chaudesaigues, les attraits et les plaisirs qui peuvent seuls y attirer l'affluence de ceux qui vont les rechercher dans les villes de bains, c'est-à-dire de ceux qui, en dépensant, enrichissent?

L'établissement thermal placé à la Luzerne est donc, il faut le reconnaître, inévitablement voué à l'impuissance de se développer et de grandir et la faillite, attend ses concessionnaires à une échéance plus ou moins rapprochée.

Encore s'il ne s'agissait que d'un désastre financier individuel, que le soussigné est bien éloigné du reste de souhaiter à qui que ce soit! Mais les conséquences de ce désastre ne s'étendront-elles pas nécessairement aux thermes eux-mêmes, en ajournant indéfiniment l'exécution de la véritable œuvre thermale, c'est-à-dire de celle, qui, en réalisant par le monopole tous les profits à espérer de l'exploitation des thermes, pourra seule organiser tous les modes d'application thérapeutique dont ils sont susceptibles, et assurer ainsi la prospérité locale.

Qu'on y réfléchisse! Il y va, dans une certaine mesure, de l'intérêt de l'humanité qui a droit de demander à ce don de la Providence tous les soulagements dont la science a découvert ou découvrira le secret. Il y va surtout de la fortune locale dont l'agrandissement et l'essor sont inséparablement liés à la fortune de nos eaux. En se plaçant à ce dernier point de vue, il y a eu, on ne craint pas de le dire, bien des fautes commises; mais, en temps qu'il soit permis de comparer les petites choses aux grandes, on pourrait ajouter aujourd'hui, en rappelant une parole prophétique à jamais tristement célèbre, qu'il n'y a plus une faute à commettre.

Si donc, comme cela semble si évident, le monopole de l'exploitation est seul capable de conduire à cette double fin, l'utilité publique, l'utilité communale n'existent, ne sont vraies qu'à la condition que ce monopole sera préalablement assuré.

Le Conseil général du département l'avait si bien compris, que dans une de ses séances où il agitait la question de la garantie d'un minimum d'intérêt de 4 p. 0/0, pour se soustraire, autant que possible, aux risques de l'engagement qu'on lui demandait de contracter, il posait, comme condition essentielle de la faveur qu'il accordait, l'obligation rigoureuse pour les concessionnaires d'acquérir les sources du Moulin du Ban.

Que l'établissement public soit construit où l'on voudra, là où le tolèrera la science. Mais, que, du moins, le monopole de l'exploitation des eaux thermales soit assuré aux concessionnaires. Et, si faut on tient à l'emplacement de la Luzerne, si l'adoption de cet emplacement devait être la condition à laquelle demeurera subordonnée la continuation des efforts qui ont été faits, que l'on étende au moins l'application de la déclaration d'utilité publique aux terrains du Moulin du Ban, sur lesquels on construirait, à défaut de mieux, une annexe modeste de l'établissement de la Luzerne.

Mais, il faut en convenir, résoudre ainsi la question, ce serait faire preuve d'une déférence inouïe pour un projet si peu inspiré par les considérations d'intérêt local, que sa branche principale d'opérations consiste à fournir, à qui l'exécutera, les moyens d'accaparer le plus net des profits à provenir de l'exploitation des eaux thermales, c'est-à-dire ceux à provenir de la nourriture et du logement du baigneur.

On se résignerait encore à cette solution, si l'établissement public, placé à l'Estande et englobant dans son périmètre le Moulin du Ban, n'était réalisable qu'au prix de trop lourds sacrifices et surtout de sacrifices hors de proportion avec les produits attendus.

Mais, quoi qu'on en ait dit et qu'on en puisse dire, surtout en se bornant, comme on le fait, à une affirmation brutale pour toute démonstration, il n'en est pas ainsi.

En premier lieu, la valeur principale à acquérir c'est-à-dire le moulin du Ban et les terrains qui en dépendent, fera bien pour tous ceux qui le connaissent tout au plus équilibre aux 57,000 fr. que réclament pour leurs terrains les sieurs Podevigne et Delfieux. Il y a même lieu de penser que l'on économiserait sur ce marché somme suffisante pour acquérir les quelques petits jardins qui sont situés à l'Estande de part et d'autre du ruisseau. M. de Montbel, préfet du Cantal, faillit tomber d'accord avec le propriétaire du moulin du Ban au chiffre de 50,000 francs.

Or, les jardins de la Luzerne coûteront, même d'après l'appréciation, certainement inexacte, faite par l'expert choisi par MM. Podevigne et Delfieux, 6,000 fr. en sus des 57,000 fr. que ces messieurs s'attribuent.

Il y aurait enfin à acquérir l'usine Lacombe qui avait été cédée à Vaissier, moyennant 6,000 francs et c'est tout.

On doit cependant ajouter, pour être exact, qu'il faudrait encaisser la rivière. Mais ne faudra-t-il pas en faire autant à la Luzerne? Vaissier avait déjà commencé ce travail. On admettra au surplus que, pour cette cause ou pour travaux de terrassement, il y aura à l'Estande dix mille francs à dépenser en plus de ce que coûtera à la Luzerne l'achèvement des mêmes travaux. Cela fait, la construction à l'Estande ne pourra pas évidemment coûter plus qu'à la Luzerne.

Et, pour ce surcroît de dépense hypothétique de dix mille francs, quelle large compensation ne trouve-t-on pas, lorsque l'on veut bien prendre la peine de réfléchir et de constater qu'à l'Estande, le problème de la réfrigération est déjà résolu par la nature et sans frais, que la conduite des eaux du Par est moins coûteuse, puisque le trajet n'est pas de plus de deux cents mètres, que la chute d'eau du moulin du Ban est un moteur tout prêt à élever, sans autre frais que ceux d'entretien de l'outillage, le niveau des eaux du Par à la hauteur qu'on voudra, s'il est reconnu qu'elles ne peuvent pas à l'Estande arriver à une hauteur suffisante pour le service par la seule force ascensionnelle du vase communiquant, que ces mêmes eaux froides peuvent encore être employées à l'hydrothérapie, chose impossible à la Luzerne où ces eaux n'arrivent qu'après avoir traversé la ville et perdu leur limpidité et leur pureté dans ce parcours! A l'Estande enfin, on n'aura pas maille à partir avec les usines établies dans l'intérieur de la ville, puisqu'on leur rendra utilement toutes les eaux du ruisseau.

Reste la question de l'écoulement des eaux thermales après leur emploi thérapeutique. On en fait bruit : ce n'est même pas un problème élémentaire. Il suffira, pour la salubrité de la ville, que ces eaux soient captées dans un petit aqueduc en maçonnerie, cubant tout au plus un pied carré, et qui, longeant le ruisseau, irait déverser ces eaux dans son lit, après la traversée de Chaudesaigues. Cinq ou six cents mètres de conduite suffiront à cet effet. Ne faut-il pas six cents mètres d'ouvrages d'art et de tuyaux de fonte ou de plomb pour amener les eaux du Par à la Luzerne, et, dans un cas donné, n'en faudrait-il pas huit cents pour y organiser la réfrigération?

Tout milite donc en faveur de l'assiette choisie par MM. Catoire et Sabatier, par le Conseil Général du Cantal, par les préfets qui se sont succédé à Aurillac et par les maires et Conseils municipaux qui se sont succédé à Chaudesaigues, les maire et Conseil municipal d'aujourd'hui seuls exceptés.

Et, pour une dépense égale, moindre peut-être, quels avantages ne s'assurera-t-on pas par le monopole, indépendamment de tous les autres avantages que l'on trouve dans la situation topographique?

De deux choses l'une : ou les thermes de Chaudesaigues sont appelés à la prospérité qu'on leur a prédite, ou ils sont condamnés à végéter dans leur état actuel. Le monopole de leur exploitation est évidemment l'unique moyen de reconnaître laquelle de ces deux propositions est la vraie.

Dans une de ses délibérations qui fait partie du dossier de l'enquête, le Conseil municipal a rendu hommage au patriotisme de MM. Podevigne, pharmacien, et Delfieux. A eux d'en fournir la meilleure preuve, en fondant l'établissement thermal à la place que lui assignent la raison, l'intérêt sainement entendu des concessionnaires, l'utilité publique et l'utilité locale. Là du moins, on croit pouvoir en donner l'assurance, ils n'en seront pas réduits à leurs seuls efforts et à leurs seules ressources.

En résumé, le soussigné conclut à ce que la question qu'il soulève soit mise à l'étude et qu'il ne soit rendu de déclaration d'utilité publique qu'après que des hommes compétents et sans mandat impératif auront été appelés, soit par Son Excellence M. le Ministre de l'Intérieur, ou des Travaux publics, soit par le Conseil général du département, soit même par la municipalité de Chaudesaigues, à se prononcer sur la valeur et le fondement des objections dirigées contre le projet soumis en ce moment à l'appréciation du public.

S'il est reconnu que le soussigné a raison, nous aurons enfin mis la main sur la véritable pierre de touche du patriotisme et nous saurons alors si ce patriotisme vanté par le Conseil municipal, s'inspire du cœur ou d'un chiffre.

Le soussigné serait au surplus heureux d'avoir tort; car, l'enthousiasme de l'amour propre satisfait aidant alors, la solution de cette question thermale, si longtemps agitée, n'en serait obtenue que plus sûrement et plus vite. Mais, s'il en est ainsi, qu'on le démontre! Et dès lors, il sera mis un terme à cette question dégénérée si malheureusement en question irritante et si malheureusement aussi envenimée par les passions individuelles, à cette question vers la meilleure et la plus utile solution de laquelle tous les efforts devraient converger, au lieu de se contrecarrer, en fomentant des divisions insensées et des haines absurdes, à cette question dont, en présence du courant d'opinion qu'on a continué d'entretenir à dessein à Chaudesaigues, dans les couches sociales imprévoyantes, la discussion, pour être abordée, demande, dans une condition comme celle du soussigné, tout le courage que seul peut inspirer le véritable patriotisme, c'est-à-dire celui qui, dédaigneux d'une popularité de mauvais aloi, poursuit et réclame ce qu'au fonds de sa conscience, l'honnête homme qui s'en inspire, estime seul capable d'assurer la prospérité de son pays.

Chaudesaigues, 30 mai 1872.

ROUSSILHE.

Telles sont les observations, qu'en croyant remplir un devoir civique, j'ai déposées entre les mains de M. le Commissaire enquêteur, quelques minutes seulement avant la clôture de l'enquête.

L'enquête close, M. le Commissaire a immédiatement remis son avis à M. le Maire de Chaudesaigues, et, demi-heure après la clôture de cette enquête, il quittait la ville.

Le Conseil municipal n'a pas manqué, lui aussi, de faire preuve d'une activité dévorante : trois jours après l'enquête, le 2 juin 1872, il se réunissait, il délibérait, et, voici, sauf ce qui est relatif aux pièces de forme de l'enquête, la teneur littérale de sa délibération, dont j'ai dû prendre copie sans déplacement, en faisant usage du droit que la loi me conférait. Cette copie a été prise sur l'expédition d'une minute qui n'existait pas encore au registre.

Séance du 2 juin 1872.

Présents : MM. Abrial, maire, Podevigne, adjoint, etc., etc.

Nombre des délibérants : 10 ;

4 Conseillers absents.

Suit la nomination d'un Secrétaire et tout ce qui est relatif aux pièces de forme.

Puis on lit :

M. le Maire a en suite annoncé qu'après la clôture de l'enquête, et aux termes de l'arrêté qui la prescrivait, M. le Commissaire enquêteur lui a remis le registre des déclarations avec son avis motivé et les autres pièces de l'instruction.

Avant de passer à l'examen des pièces et à la

délibération qui en sera l'objet *(sic)* MM. Podevigne et Delfieux, membres du Conseil, présents, personnellement intéressés à la question dont il s'agit, ont été invités à s'abstenir de toute discussion et à se retirer. Déférant à cette invitation, ces Messieurs ont immédiatement quitté la salle des séances; en conséquence, le Conseil se trouve, à partir de ce moment, composé des membres ci-dessus nommés, moins MM. Podevigne et Delfieux, qui n'ont pris aucune part à la discussion.

M. le Maire a ensuite mis, sous les yeux du Conseil, le registre des déclarations, l'avis motivé de M. le Commissaire enquêteur et toutes les pièces de l'enquête, le tout quoi lui a été transmis par M. le Commissaire enquêteur et conformément à l'art. 2, § 2 de l'arrêté précité du 26 avril 1872. Il a appelé le Conseil municipal à les examiner et à émettre son avis par une délibération motivée.

Le Conseil a immédiatement procédé à l'examen et vérification des pièces de l'enquête.

Lecture entière *(Est-ce bien sûr?)* soit du registre d'enquête, soit de toutes les déclarations qui y sont consignées ou annexées, et de l'avis motivé de M. le Commissaire enquêteur, a été donnée au Conseil. Il résulte de cette lecture que l'avis de M. le Commissaire enquêteur est favorable au projet de construction d'un établissement thermal, d'après les plans et devis dressés par M. Ledru et sur la présentation de MM. Podevigne et Delfieux, que cent déclarations, tant écrites et annexées que verbales et rédigées conformément aux dires des habitants, ont été remises à M. le Commissaire enquêteur, que sur ces cent déclarations quatre-vingt-quinze sont favorables audit projet et cinq seulement sont contraires à son adoption, que ces cinq déclarations qui sont écrites et annexées ont été formulées : 1° par M. Chassany, huissier; 2° par M. Verdier-Chantal, propriétaire, (ancien maire de Chaudesaigues et ancien membre du Conseil d'ar-

rondissement) ; 3e par M. Félix Verdier, teneur de
bains ; 4e par M. Roussilhe, avocat notaire ; 5e et
par M. Podevigne, juge de paix (et ancien membre
du Conseil général, où il a représenté le canton
pendant 16 ans ; mais ces titres devaient rester
dans l'ombre).

Le Conseil a pu, par cette communication et cet
examen se rendre un compte fidèle et exact *(hum !!*
de tous les motifs que ces cinq déposants ont pu
formuler à l'encontre du projet dont il s'agit.

Le Conseil, après mûr examen et après une longue discussion à laquelle ont pris part plusieurs de
ses membres et après en avoir délibéré,

Vu les arrêtés préfectoraux susvisés des 28 avril
et 23 mai 1872 (arrêtés prescrivant l'enquête et en
prorogeant la durée),

Vu toutes les pièces de l'enquête,

Vu l'avis favorable exprimé par M. le Commissaire enquêteur après la clôture de l'enquête et
considéré qu'il ne peut que partager entièrement
les motifs développés dans cet avis,

Vu les déclarations faites par un grand nombre
d'habitants de Chaudesaigues,

Reconnaisant que sur les cinq déclarations contraires, trois émanent de personnes faisant partie
de la même famille (frères et beau-frère) et ayant
tous le même intérêt à ce qu'aucun établissement
public ne soit construit à Chaudesaigues, attendu
que l'une d'elles est propriétaire d'un établissement privé et concessionnaire provisoire des eaux
thermales qui appartiennent à la commune,

Considérant que M. Roussilhe peut être avec raison regardé comme ayant un intérêt tout particulier à
ce qu'un établissement thermal public ne soit pas
construit à l'emplacement projeté, au lieu dit la Luzerne où il possède un jardin qu'il s'est toujours obstinément refusé à céder amiablement à aucun prix et
qui est, en ce moment, l'objet d'un procès devant
le tribunal civil de Saint-Flour avec les propriétai-

res des terrains qui font la base du projet dressé par M. Ledru.

Considérant que les longs calculs mathématiques auxquels s'est livré M. Roussilhe, dans son mémoire, ne paraissent pas au Conseil réunir les conditions d'exactitude et d'impartialité que l'on pourrait désirer dans une question de cette nature,

Considérant que la nouvelle mise à l'étude réclamée par M. Roussilhe lui paraît *(au conseil sans doute; mais passons : de minimis non curat...)* une fin de non recevoir tendant purement et simplement à faire ajourner indéfiniment les moyens d'utiliser les eaux thermales de Chaudesaigues,

Considérant que le principal grief invoqué par M. Podevigne à l'encoutre du projet dont il s'agit est relatif à l'emplacement *(comme le mien, Messieurs)*, sur lequel doit être construit l'établissement projeté et qu'il voudrait qu'au lieu de cet emplacement l'on choisît le lieu dit l'Estande qui a fait l'objet du plan Catoire *(sic)*, mais que ce dernier plan est regardé comme inexécutable par le Conseil qui, en cela, partage l'avis d'hommes compétents qui se sont prononcés sur la matière, à cause des dépenses considérables qu'il nécessiterait, avant même toutes constructions,

Considérant d'ailleurs que l'hygiène publique s'opposerait à l'édification d'un établissement thermal sur l'emplacement de l'Estande qui se trouve en amont de la ville,

Considérant que le service des eaux froides traversant la ville et celui du chauffage et de l'usage des eaux chaudes pendant l'hiver par les habitants, sont suffisamment sauvegardés soit par le cahier des charges, soit par de précédentes délibérations,

Considérant qu'il n'y a pas lieu de s'arrêter plus longtemps à la discussion *(?)* des motifs invoqués par les opposants à l'encontre du projet,

Considérant que les pièces de l'instruction sont

parfaitement régulières et que les plans et devis présentent toutes les conditions nécessaires pour l'assiette d'un établissement convenable,

Le Conseil, persistant dans les résolutions par lui prises dans ses précédentes délibérations relatives à la question soumise à son examen et confiant dans l'avenir de l'établissement thermal projeté *(Que devient en présence de cette belle perspective, entrevue par le Conseil, l'argument tiré des dépenses considérables qu'il y aurait à faire à l'Estande avant toutes constructions ?)* qui peut être considéré comme étant véritablement d'intérêt public, non-seulement pour la ville de Chaudesaigues dont les intérêts sont assurés et qui est appelée à retirer de ses eaux un produit bien plus considérable dans un avenir prochain. *(Voir, pour s'en convaincre, la délibération de juillet 1870 : on y dispose que les concessionnaires payeront à la ville 1 franc par baigneur, que, si le nombre des baigneurs excède 600, la redevance se limitera à cette somme jusqu'à ce que MM. Podevigne et Delfieux seront couverts par l'excédant d'une somme de deux mille francs que le Conseil leur alloue ; en l'état actuel, les concessionnaires précaires des eaux du Par paient à la ville une redevance fixe de 600 fr. par année) ;* mais encore pour le département du Cantal et les départements voisins,

Considérant qu'il est d'urgence que les eaux, si précieuses dont la ville de Chaudesaigues est dotée, soient mieux aménagées qu'elles ne l'ont été jusqu'ici pour le soulagement des malades,

Emet unanimement l'avis que le projet d'établissement thermal à Chaudesaigues dressé par M. Ledru et présenté par MM. Podevigne et Delfieux est d'utilité publique et qu'il ne pourrait être construit ailleurs dans des conditions aussi favora-

bles que sera l'emplacement de la Luzerne que le
conseil a toujours apprécié.

Pour ampliation,

Signé : **ABRIAL.**

A la première lecture de ce document, j'ai été
moins vivement frappé des attaques directes et des
provocations dont j'y suis l'objet, que du ton général et de l'allure constante de la pièce. Il est à
remarquer que le Conseil ne s'attache pas à prouver; il procède par dénégations et par affirmations.
C'est infiniment plus commode, j'en conviens: il
est plus facile en effet de dire à quelqu'un qu'il
déraisonne que de le lui prouver

Mais pour l'honneur du Conseil, je veux bien
croire que c'est dans ce mûr examen et cette longue discussion qui ont précédé la délibération
qu'ont été pulvérisées, broyées et anéanties les
observations contraires au projet proposé.

Quoi qu'il en soit, les considérants de la libéra-
tion devant nécessairement contenir la quintessence
des idées échangées dans le cours de cette longue
discussion, où l'on convertit tout le monde, puisqu'elle conduit à une résolution unanime, je vais
essayer de les aborder un à un.

1° Le Conseil commence par partager l'avis de
M. le commissaire enquêteur. Il a raison : pouvait-
on faire autrement? Et moi, aussi, je le partage
dans ses considérants, et peut-être aussi dans sa
conclusion, mais en me permettant de lire entre
les lignes. J'éclaircirai bientôt ce mystère.

2° Puis, il s'écrie, avec un accent de triomphe,

qu'il y a 95 opinions favorables exprimées contre 5 opinions défavorables. Il y aurait beaucoup à dire sur ce considérant basé au fond, sur ce détestable et malheureusement trop célèbre axiome que la force prime le droit, ou, si l'on veut, que le nombre écrase la raison. Mais, soit ! Et les 350 autres électeurs inscrits sur la liste communale, que pensent-ils ? Je suis, pour mon compte, fort étonné qu'avec le système de sollicitations importunes, pour ne rien dire de plus, qu'on a employé pendant l'enquête, on n'ait pas réussi à amener auprès du commissaire enquêteur un plus grand nombre de signataires. Est-il vrai, oui ou non, et si ce n'est pas vrai, qu'on le démente, est-il vrai que M. Podevigne, pharmacien, adjoint de la commune et chargé par délégation du service de la police municipale, est allé de porte en porte, recrutant partout où il en trouvait, des opinants favorables et poussant à l'enquête tout ce qu'il pouvait réunir ? Est-il vrai, oui ou non, que l'agent de ville et le secrétaire de la mairie, obéissant aux ordres de leur chef, se livraient de leur côté aux mêmes manœuvres ? Et je passe sous silence les agents recruteurs officieux.

Un fait de moralité entr'autres seulement et j'en ai fini avec ce pitoyable argument du nombre. J'ai vu et je n'ai pas tout vu, mais j'ai vu, dis-je vu, de mes propres yeux vu un vieillard, dont la sénilité en est arrivée à tel point qu'il ne reconnaît même pas sa femme, conduit à l'enquête par un agent communal salarié. On m'a plus tard assuré que sa femme s'était rendue auprès de M. le commissaire enquêteur pour protester.

3° M. Verdier et ses parents ne veulent pas d'établissement public et ont intérêt à ce qu'il n'en soit pas construit.

Que M. Verdier ait un intérêt appréciable à ce que l'on ne construise pas à Chaudesaigues un établissement public, c'est possible. Il est bon cependant de faire remarquer que ni lui, ni ses devanciers n'ont pas protesté contre la déclaration d'utilité publique de 1844, lors de l'enquête qui l'a précédée. M. Verdier-Chantal et M. Chassany étaient l'un et l'autre actionnaires de la compagnie Vaissier.

Mais, en ce qui me concerne, je ne puis m'empêcher de dire et de proclamer qu'il faut en être réduit à sa dernière cartouche et se trouver à bout de ressources pour oser prétendre que j'ai un intérêt personnel à ce qu'il ne soit pas construit un établissement public à la Luzerne

J'y possède un jardin, c'est vrai. Mais, je me plais à penser que ceux qui voudront le prendre, voudront bien aussi commencer par le payer. Je rappelle, en passant, que l'an dernier, en octobre, j'ai, par circulaire imprimée, adressée aux électeurs de la commune, offert de céder ce jardin à 500 fr. au dessous du prix d'estimation, dans le cas où l'établissement de la Luzerne serait déclaré d'utilité publique et où l'entreprise serait organisée et commencée dans trois ans. Je ne m'en dédis pas et je m'applaudis aujourd'hui d'avoir fait cette offre ; car dût-on à ce propos rappeler en souriant la fable de la mouche et du coche, j'ai quelque lieu de penser que cette offre, jetée sous forme de défi à des gens qui depuis dix ans berçaient l'électeur de promesses, n'est pas étrangère à l'activité qu'on a déployée depuis lors. On a enfin provoqué l'enquête et avec elle la discussion. C'était précisément le but que je poursuivais et je ne demandais rien tant que de faire passer par l'épreuve de la critique publique ce projet que je réprouve, dont la réussite serait, à mes yeux, je l'ai dit, un désastre pour mon pays natal et qui est depuis si longtemps une source d'agitations et de divisions adroitement exploitées par des intérêts privés.

Ce jardin, je me suis obstinément refusé à le vendre, à n'importe quel prix. C'est encore très vrai, sauf ce qu'il plaît à nos gouvernants de qualifier d'obstination. Et plût à Dieu qu'en 1860, mon exemple eût été suivi ! L'établissement public serait debout aujourd'hui; car, Vaissier n'aurait pas eu la faculté d'enfouir follement à la Luzerne les capitaux de ses actionnaires. Il ne tenait qu'à moi de vendre comme les autres et de vendre très cher; il ne tenait qu'à moi aussi de vendre très cher à MM. Podevigne et Delfieux : cette acquisition les dispensait, en effet, de recourir aux formalités préalables à l'expropriation pour cause d'utilité publique : ils n'avaient guère plus affaire qu'avec le Conseil municipal dont ils font partie, pour obtenir la concession des eaux. Et parce que je n'ai pas voulu vendre très cher, par le motif que cette vente favorisait un projet d'établissement désastreux pour mon pays, parce qu'ayant entre les mains un instrument de chantage, je n'ai pas voulu m'en servir, une assemblée délibérante, après mûr examen et longue discussion, n'a trouvé rien de mieux, pour combattre les idées et le système que je défendais, que cette misérable réponse : il a un jardin à la Luzerne et c'est l'intérêt personnel qui l'inspire! Par respect pour l'autorité dont elle est investie, je m'abstiens d'appliquer à sa réponse la véritable qualification qu'elle mériterait en bonne langue française.

Puis, il y a procès à l'occasion de ce jardin. C'est toujours parfaitement vrai. En lisant ce fulminant attendu, il m'est immédiatement revenu en mémoire certain problème qui consiste, étant donnés la hauteur du grand mât d'un navire, la profondeur de la cale et la longueur du vaisseau, à trouver l'âge du capitaine qui le conduit. Voici pour les juristes, un problème du même genre, si je ne me trompe. Etant données deux personnes dont l'une revendique contre l'autre une servitude de passage sur son terrain, déterminer quelle sera, sur le point de savoir si ce droit de passage existe, l'influence d'une instance administrative en reconnaissance d'utilité publique applicable au terrain objet du litige. Résolve qui pourra. En toute humilité je m'en déclare incapable.

2° Viennent ensuite mes longs calculs mathématiques qui ne paraissent pas au Conseil réunir les conditions d'exactitude et d'impartialité que l'on pourrait désirer en pareille matière.

J'ai déjà reconnu, dans une note antérieure, que le Conseil avait eu raison sur l'un d'eux et que, voulant être trop modeste, j'avais été inexact.

Mais, à part cette inexactitude relative au chiffre de cent baigneurs que le moulin du Ban pourra recevoir et traiter par journée, quels sont donc les autres calculs inexacts et partiaux? Il eût été au moins bon de le dire, sauf à ne pas prendre, comme on l'a fait toujours, la peine de l'établir.

Est-ce celui des sommes que coûtera la construction à la Luzerne? S'il en est ainsi, qu'on en accuse M. Ledru et le dossier de l'enquête ; car c'est là que presque tous les chiffres ont été puisés.

Est-ce le calcul basé sur le nombre de baigneurs qui fréquentent annuellement les thermes de Chaudesaigues? J'ai apporté, moi du moins, à l'étude de cette question thermale, tout le soin dont j'étais capable. Je me suis livré à cette recherche sans parti pris et sans idée préconçue. Eh bien, je tiens à la disposition de qui voudra bien en prendre communication, des documents qui n'ont rien à envier, comme poids et gravité, à ceux qui émanent du Conseil municipal de notre commune. Un décret, rendu en Conseil d'Etat le 7 juin 1866, a supprimé l'inspection médicale à Chaudesaigues, par le motif que le produit net des eaux thermales n'atteignait pas le chiffre de 1,500 francs déterminé par la loi. Il résulte des pièces d'information qui ont été produites à l'appui de la demande en suppression de l'inspection médicale, que la mo-

yenne des baigneurs payants venus à Chaudesaigues pendant les quatre années, écoulées de 1861
à 1864, a été de 420.

J'ai aussi en ma possession, disposé à le commu-
niquer, un document plus irréfutable encore, la
requête présentée au Conseil d'Etat par le médecin
inspecteur qui défendait son titre et trois années de
traitement impayées. Ce médecin inspecteur n'a pas
osé porter, hypothétiquement et sans preuves, à
plus de 700 en moyenne, le nombre des baigneurs
payants venus à Chaudesaigues pendant ces mêmes années et on lui objectait, non sans raison, que
pour arriver à ce nombre, il devait faire entrer en
ligne de compte tous les habitants de la ville et des
environs qui venaient le consulter dans le courant
de l'année et auxquels il ordonnait un bain pour la
guérison ou d'une courbature ou autre infirmité
passagère et qu'il y comprenait aussi tous les au-
vergnats parisiens qui, avant d'aller à la montagne
se soumettre au régime du petit lait, s'adressant à
lui, en recevaient l'invitation de prendre quelques
bains en passant, avant de se rendre à leur véritable destination.

Le médecin inspecteur perdit son procès, ce qui
prouve bien, ce me semble, que la moyenne de
420 baigneurs fut reconnue sincère et exacte par le
Conseil d'Etat.

Mon plan, dit-on enfin, est de faire ajourner indéfiniment les moyens d'utiliser les eaux thermales
de Chaudesaigues, *Venenum in caudâ !* Nous y
voilà, sauf l'expression : *il ne veut pas des bains.*
Et pourquoi, s'il vous plaît? Dans quel intérêt?
Dans quel but?

Si le Conseil municipal a voulu dire que mes
efforts tendent à empêcher deux industriels de
compromettre les intérêts généraux de l'avenir du
pays, il a raison. J'aime mieux, en effet, pour le
pays, je le déclare, le statu quo, avec l'espérance
d'un avenir meilleur et plus ou moins prochain,

qu'une substitution d'exploitants ruinant, sous couleur d'amélioration et de progrès, ces espérances pour toujours.

Que si le Conseil a voulu se faire l'écho de ce préjugé idiot et stupide, accrédité dans le dessein de nuire, et à l'aide duquel on a trompé la population en lui disant qu'il y a à Chaudesaigues des gens qui ne veulent pas des bains, je n'ai plus à répondre. Dédaigner de le faire est la seule réponse que cela mérite.

Je serais, dans tous les cas, fort curieux de savoir comment ma conclusion peut bien aboutir à un ajournement indéfini des moyens d'utiliser les eaux thermales. C'est encore pour moi un autre problème d'équation de je ne sais plus quel degré et dont je me proclame de plus en plus incapable de dégager l'X. Comment se fait-il qu'en demandant qu'une question sur laquelle s'élèvent des opinions divergentes, soit étudiée et résolue par des gens désintéressés, impartiaux et capables, on n'ait pas d'autre but que d'éluder la solution demandée? Comment se fait-il qu'une demande de juges ne tende qu'à éluder le jugement?

Au reste, combien de temps faudra-t-il à un ingénieur des mines ou à un architecte désigné par le Ministre, le Conseil général ou le Préfet (car, on l'a vu, le Conseil municipal s'y refuse) pour se rendre compte de la valeur et du fondement des objections qui se sont produites? Deux jours de route, deux ou trois jours de séjour et d'étude sur les lieux, plus, le temps nécessaire pour dresser son rapport et le faire parvenir à l'autorité qui l'aura commis. Voilà l'ajournement indéfini !

5° Le Conseil municipal affirme aussi (toujours des affirmations et rien de plus) que le plan Catoire est inexécutable, à cause des dépenses considérables que son exécution nécessiterait, même avant toute construction, et qu'il partage en cela l'avis d'hommes compétents qui se sont prononcés sur la matière.

Voilà M. Catoire atteint et convaincu de faire des plans inexécutables.

Mais à part M. Catoire qui, je crois, ne se sentira pas blessé, s'il vit encore, M. Sabatier, architecte, qui travaillait à la restauration du Louvre, n'était donc pas un homme compétent, lorsque, remaniant le plan Catoire et en réduisant les proportions, il en ramenait le devis à 300,000 francs ? Ni M. le Préfet de Montbel non plus, ni le Conseil général non plus, ni les Conseils municipaux antérieurs non plus, lorsqu'ils promettaient une garantie de 4 1/2 p. 0/0 sur un capital de 300,000 f. à dépenser à l'Estande, ni Vaissier lui-même non plus, et je l'admets sans peine, lorsqu'il écrivait à M. le Préfet du Cantal que 300.000 francs suffiraient largement pour construire à l'Estande un établissement convenable ?

Quels sont-ils donc les hommes compétents qui ont entrevu à l'Estande ces travaux titanesques que le Conseil entrevoit à son tour ? On devine : il y a eu Vaissier, après l'affaire des 30,000 francs et un nommé Marambat, son fidèle Achate. Libre au Conseil de s'incliner devant cette haute compétence. Pour moi et pour bien d'autres, à ce nom nous n'éprouvons nullement le besoin de saluer.

6° J'ai déjà répondu à l'argument tiré de l'hygiène publique. Mais, le Conseil qui a lu toutes les pièces avec l'attention qu'elles méritent, n'a pas jugé sans doute ma réponse péremptoire, puisqu'il réédite ce misérable moyen. Passons, après avoir fait observer que cette hygiène, dont il a tant souci, le préoccupe un peu moins en pratique, puisque les établissements privés envoient et ont toujours envoyé dans le ruisseau leurs eaux thermales après l'emploi.

7° Enfin, le Conseil affirme que le service des

eaux froides et celui du chauffage des habitants
sont sauvegardés par le cahier des charges et par
les précédentes délibérations. J'ai lu, avec toute l'attention qui leur est due, toutes les délibérations
qui faisaient partie des pièces de l'enquête; j'ai lu
aussi le cahier des charges arrêté par le Conseil.
Partout, il est grandement question d'eau chaude,
on le conçoit; mais des eaux froides, point.

Quant au chauffage, n'en déplaise au Conseil, je
me permettrai de trouver étrange qu'il soit complé-
tement sauvegardé, alors que d'un côté la source
entière du Par, employée au chauffage, y suffit si
peu, que cette insuffisance soulève des réclama-
t'ons sans cesse renaissantes et que, d'un autre
côté, le Conseil concèdera, pendant l'hiver, à l'établissement de la Luzerne, la quantité d'eau à
prendre par un bec ou canule de deux centimètres
carrés, c'est-à-dire environ le sixième ou le septième
de la source.

J'en ai fini avec cette dernière délibération du
Conseil municipal, que je ne pouvais, ni ne devais
laisser sans réponse.

Il ne reste plus qu'à appeler l'attention sur l'avis
de M. le commissaire enquêteur.

Le voici tel que ma mémoire me le fournit, car
il ne m'a pas été possible d'en prendre copie, je
puis toutefois donner l'assurance que, sauf l'expression, ce qui va suivre est la reproduction
fidèle de la pensée de M. le commissaire enquêteur telle qu'elle résulte de l'avis qu'il a joint au
dossier.

*Considérant qu'il est d'utilité publique qu'il
soit construit à Chaudesaigues un établissement
offrant aux malades le confortable et les moyens
curatifs que réclame leur état.*

Nous sommes tous de cet avis : c'est une vérité
fort ancienne, l'ordonnance royale de 1824 lui a
donné la sanction législative. Toutefois, sa recon-

naissance par M le commissaire enquêt ur n'est pas à dédaigner.

Considérant que le projet dont les plans et devis ont été dressés par M. Ledru, architecte à Clermont-Ferrand, offre sous ces rapports des innovations et des améliorations sur l'aménagement des établissements privés actuellement exploités.

Que M. Ledru soit un habile architecte et qu'il aménage en homme expérimenté un établi-sement de bains, nul ne s'est avisé de le contester A ne pas imaginer mieux que ce que nous avons, il n'était vraiment pas la peine de le faire arriver de Clermont-Ferrand.

Considérant que l'exécution de ce projet présenté par MM. Podevigne et Delfieux constituera un progrès réel et une amélioration notable.

C'est évident puisqu'on devra exécuter un plan parfaitement conçu. Mais de tous les inconvénients, de l'assiette de cet établissement, des dangers qu'il courra, des avantages incalculables qu'offre l'emplacement choisi par M. Catoire, M. le commissaire enquêteur n'en dit pas un seul mot.

Vu le rapport de M. Chevalier :

M. Chevalier ne s'occupe pas plus, dans son rapport, de l'Estande que de la Luzerne et de la Luzerne que de l'Estande. Il y rend hommage à la vertu curative de nos eaux et manifeste le désir de les voir, par l'édification d'un grand établissement public, arriver à la fortune et à la célébrité qui leur sont dues.

Vu les déclarations d'un grand nombre d'habitants de Chaudesaigues,

Emet l'avis qu'il soit donné suite à ce projet et que l'établissement thermal soit déclaré d'utilité publique.

Il y a, si je ne me trompe, deux manières de formuler un avis : l'une consiste à le motiver fortement et à le défendre contre ses contradicteurs en

faisant justice de leurs critiques; l'autre consiste à
ne l'appuyer, sciemment et à dessein, que d'un
semblant de motifs.

Au lecteur à juger laquelle de ces deux manières
a choisi M. le commissaire enquêteur. A-t-il
employé le ton de la conviction qui se défend et
s'affirme avec énergie, ou le ton, moins accentué, à
l'aide duquel un habile laisse pressentir à quel-
ques-uns une pensée qui demeure mystérieuse-
ment enveloppée et secrète pour tous ceux dont
elle pourrait offenser les désirs et exciter l'irrita-
bilité. Qu'on le recherche et qu'on le dise !

Chandesaigues, 13 juin 1872.